Dieses Buch gehört:

CELINE

Vincent Andreas

Sabrina ist krank

Bibi & Tina

Lesen lernen

2. Klasse

ab 7 Jahren

Klett Lerntraining

Bibliografische Information der Deutschen Nationalbibliothek
Die Deutsche Nationalbibliothek verzeichnet diese Publikation in der Deutschen Nationalbibliografie; detaillierte bibliografische Daten sind im Internet über http://dnb.d-nb.de abrufbar.

Dieses Werk folgt der neuesten Rechtschreibung und Zeichensetzung.

Auflage 3 2 1 | 2013 2012 2011
Die letzten Zahlen bezeichnen jeweils die Auflage und das Jahr des letzten Druckes.

Redaktion: Jutta Dahn
Lizenz durch KIDDINX Merchandising GmbH
Winterhuder Weg 29, 22085 Hamburg
www.bibiundtina.de

www.klett.de/lernhilfen, www.diekleinenlesedrachen.de
Teamleiterin Lernhilfen Grundschule: Susanne Schulz
Redaktion: Sandra Meyer
Umschlaggestaltung und Layout: Sabine Kaufmann, Stuttgart
Illustrationen: Agentur Christian Ortega, Barcelona
Satz: GreenTomato GmbH, Stuttgart
Druck: G. Canale & C. S.p.A., Turin
Printed in Italy
ISBN 978-3-12-949062-4

Inhalt

Was ist mit Sabrina los?

„Hü, Sabrina!“, feuert Bibi
ihre hübsche Schimmelstute an.
Rund um den Martinshof
gehen die Freundinnen Bibi und Tina
ihrer Lieblingsbeschäftigung nach:
Sie reiten um die Wette.
Heute allerdings scheint mit Sabrina
etwas nicht zu stimmen.
Tina hat auf ihrem Fuchs Amadeus
bereits einige Längen Vorsprung.

„Komm, meine Süße“,
sporntBibi ihr Pferd lauthals an,
„die holen wir noch ein!“
Doch das Gegenteil geschieht:
Sie fallen immer weiter zurück.
Bibis Stute wird langsamer
und bleibt schließlich
laut schnaubend stehen.
„Was hat sie nur?“, wundert sich Bibi.
Tina hat inzwischen bemerkt,
dass Sabrina stehen geblieben ist
und kehrt um.

Bibi ist aus dem Sattel gestiegen,
um sich ihr Pferd näher anzusehen.
Die Stute scharrt unruhig
mit ihrem rechten Vorderhuf.
„Ob sie vor irgendetwas Angst hat?“,
fragt sich Bibi.
Doch weit und breit
ist nichts zu sehen,
wovor Sabrina sich fürchten könnte.
Bibi weiß sich keinen Rat.
Fragend schaut sie Tina an.

„Vielleicht ist sie erschöpft
von dem langen Ausritt?“,
überlegt ihre Freundin laut.
Die beiden Mädchen beschließen,
eine Stelle zum Rasten zu suchen,
damit Sabrina sich ausruhen kann.
„Du wirst sehen“,
tröstet Tina die kleine Hexe,
„danach geht es Sabrina
bestimmt wieder besser!“

Die Mädchen führen ihre Pferde
am Zügel quer durch den Wald.
In der Ferne hören sie
das Rauschen des Mühlbachs.
Schon nach einem kurzen Fußmarsch
stoßen sie auf eine schöne Wiese.
Hier wollen sie rasten.
Sie lockern die Sattelgurte
und legen ihren Pferden Halfter an,
damit Sabrina und Amadeus
das frische Gras fressen können.

Sabrina scheint
sich beruhigt zu haben.
Erleichtert strecken sich
Bibi und Tina im weichen Gras aus
und blinzeln in die warme Sonne.
Während sie so daliegen,
werden sie auf einmal ganz schläfrig
und nicken schließlich ein.

Ein großer Schreck

Als Bibi einige Zeit später aufwacht,
weiß sie erst gar nicht, wo sie ist.
Verschlafen streckt sie sich,
doch dann hält sie inne.
„Hat da nicht ein Pferd gewiehert?
Ja, das war Amadeus!“,
schießt es ihr durch den Kopf.
„Und er klang sehr aufgeregt!“
Aufmerksam sieht Bibi sich um.
Auf einmal ist der Schreck groß,
denn Sabrina ist weg!

Die Stute hat sich
von dem Baum losgerissen,
an dem Bibi sie angebunden hatte.
„Tina, wach schnell auf!“,
weckt Bibi ihre Freundin.
„Sabrina ist verschwunden! Sieh nur!“
Noch halb schlafend
reibt sich Tina die Augen.
Dann begreift auch sie,
was geschehen ist.

Um ihrer Freundin Mut zu machen,
sagt Tina sanft:
„Mach dir keine Sorgen.
Wir werden Sabrina suchen.
Sie kann noch nicht weit sein."
Doch Bibi ärgert sich.
„Warum sind wir nur eingeschlafen?",
wirft sie sich vor.

Plötzlich wiehert Amadeus so laut
und zieht so fest an seinem Strick,
dass er sich ebenfalls fast losreißt.

„Ich glaube, Amadeus weiß,
wo Sabrina hingelaufen ist“,
deutet Tina sein Verhalten.
Als sie seinen Strick losbindet,
läuft er gleich los.
Blitzschnell hat Bibi eine Idee.
Sie hebt ihre Arme und hext:
„Eene meene mei,
Kartoffelbrei herbei! Hex-hex!“
Es macht „plingpling“,
und Bibis Besen zischt herbei.
Sie sitzen auf und folgen Amadeus.

Amadeus führt die zwei zum Mühlbach
und läuft weiter am Ufer entlang.
Bibi und Tina sind ihm
auf Kartoffelbrei dicht auf den Fersen.
„Ich glaube“, vermutet Bibi,
„Amadeus führt uns zum Steinbruch!“
Und tatsächlich:
Nach einer Weile
erreicht der Hengst eine Brücke.
Er überquert den Bach,
und vor ihm liegt der Steinbruch.

Sofort hellt sich Bibis Miene auf!
Vor der grauen Felswand entdeckt sie
die leuchtend weiße Schimmelstute.
Amadeus wiehert einmal auf,
und Sabrina antwortet ihm.
„Was will meine Süße denn hier?“,
rätselt Bibi.
Sie landet mit Kartoffelbrei.

Rätsel im Steinbruch

Sabrina scheint zwischen den Felsen
etwas zu suchen.
Bibi bemerkt,
dass sie unruhig ist.
Behutsam nähert sie sich ihr
und tätschelt ihr zärtlich den Hals.
„Ach, meine arme Sabrina“,
seufzt Bibi.
„Was ist nur mit dir los?“
Tina hat inzwischen eine neue Idee,
was Sabrina haben könnte.

„Ich glaube, sie hat Bauchweh“,
überlegt sie.
„Jetzt sucht sie hier
nach einem Kraut
gegen die Schmerzen.“
Das leuchtet auch Bibi ein.
Pferde wissen oft,
was gut für sie ist.
Und im Steinbruch wachsen
sehr viele heilende Kräuter.

Nur das eine Kraut,
das Sabrina dringend braucht,
scheint es nicht zu geben.
Sie knabbert hier an einer Pflanze
und schnuppert dort an einem Kraut,
aber sie findet nicht das Richtige.
„Wenn wir nur wüssten,
welches Kraut sie sucht“,
grübelt Tina.

„Das lässt sich ganz einfach
mit Hexerei herausfinden“,
meint Bibi und denkt kurz nach.
Sie streckt ihre Arme aus und ruft:
„Eene meene blaue Vier,
zeig das Kraut schnell auf Papier!
Hex-hex!“
Sogleich macht es „plingpling“,
und viele bunte Hexsternchen
schwirren um Bibis Finger.

Kaum hat Bibi den Spruch beendet,
hält sie ein großes Blatt Papier
in ihrer Hand.
Darauf ist ein Strauch abgebildet,
den die beiden Mädchen
noch nie gesehen haben.
„Den müssen wir unbedingt finden!“,
ruft Bibi aufgeregt.
„Sabrina muss es schnell
wieder besser gehen!“

„Aber wie sollen wir ihn finden,
wenn wir nicht einmal wissen,
was das für eine Pflanze ist?“,
wendet sich Tina fragend an Bibi.
„Ich glaube,
da kann ich euch weiterhelfen“,
hören Bibi und Tina
plötzlich eine Stimme hinter sich.

Die Heilpflanze

Die alte Frau,
die den Mädchen helfen möchte,
ist die Bäuerin vom Weidenhof.
Sie erklärt Bibi und Tina,
dass die Pflanze auf dem Blatt Papier
eine seltene Art des Weißdorns ist.
Das ist ein Heilkraut.
Daher glaubt sie ebenfalls,
dass Sabrina Bauchschmerzen hat.

„Die Pflanze, die ihr sucht,
wächst schon seit einigen Jahren
nicht mehr im Steinbruch“,
erklärt die Bäuerin den Freundinnen.
„Aber ich kann euch helfen!“,
fährt sie fort.
„In meinem Garten auf dem Weidenhof
steht ein Weißdornstrauch.“
Bibi und Tina sind überglücklich.
Und so machen sich die beiden
mit ihren Pferden und der Bäuerin
auf den Weg zum Weidenhof.

Sabrina ist ziemlich wackelig
auf den Beinen.
Die Mädchen machen sich
große Sorgen um sie.
„Halt durch, meine Süße“,
flüstert Bibi Sabrina ins Ohr.
„Bald bekommst du deine Medizin!“
Der Weg führt die Gruppe
weiter am Mühlbach entlang
und schließlich
durch den Wald hindurch.

Als sie den Hof erreichen,
begrüßt der Hund der Bäuerin
alle mit freudigem Gebell.
Die Bäuerin führt die beiden Mädchen
und ihre Pferde in den Kräutergarten.
Auf einmal kommt Leben
in die Schimmelstute:
Sie läuft schnurstracks
auf einen weiß blühenden Strauch zu.

Die Bäuerin pflückt
ein paar Blätter von einem Zweig
und gibt sie Sabrina.
Die Stute macht sich gleich
gierig über sie her.
Es dauert nicht lange,
bis es ihr wieder besser geht.
Bibi und Tina atmen erleichtert auf.

Natürlich muss Sabrina
noch eine Weile geschont werden.
Bibi und Tina wollen gemütlich
zum Martinshof zurückreiten.
Dort werden sie die Stute
vom Tierarzt untersuchen lassen.
Sie bedanken sich bei der Bäuerin
ganz herzlich für ihre Hilfe.
Fröhlich winkend verlassen sie den Hof,
und Sabrina verabschiedet sich
mit einem lauten Wiehern.

Hufeisen-Quiz

1 Was ist Bibis und Tinas Lieblingsbeschäftigung?

- Pferde striegeln
- um die Wette reiten
- Fernsehen

2 Tinas Pferd Amadeus ist ein:

- Dachs
- Luchs
- Fuchs

3 **Weshalb glaubt Bibi, dass Sabrina Angst hat?**

- ☒ weil sie laut wiehert
- ◯ weil sie unruhig mit dem Vorderhuf scharrt
- ◯ weil sie mit dem Schweif schlägt

4 **Bibi und Tina legen eine Rast ein, damit …**

- ☒ die beiden sich ausruhen können.
- ◯ Sabrina sich ausruhen kann.
- ◯ Amadeus sich ausruhen kann.

5 **Warum wiehert Amadeus und zieht an seinem Strick?**

- ☒ Er weiß, wo Sabrina hingelaufen ist.
- ◯ Er will ein anderes Pferd begrüßen.
- ◯ Er wittert ein gefährliches Tier.

6 Bibis Hexenbesen heißt …

- [ ] Kartoffelpuffer.
- [ ] Kartoffelpüree.
- [x] Kartoffelbrei.

7 Was ist ein Schimmel?

- [ ] Ein altes Pferd.
- [x] Ein Pferd mit einem weißen Fell.
- [ ] Ein Pferd, dessen Fell glänzt und schimmert.

8 Sabrina ist in den Steinbruch gelaufen, um …

- [ ] sich Auslauf zu verschaffen.
- [ ] sich die Zeit zu verteiben.
- [x] ihre Bauchschmerzen zu lindern.

9 **Wie kann die Bäuerin vom Weidenhof den Mädchen helfen?**

- Sie kennt einen guten Tierarzt.
- Sie weiß, wo die gesuchte Pflanze wächst.
- Sie kennt eine andere Pflanze, die noch besser wirkt.

10 **Wann kann ein Kräutertee helfen?**

- bei Magenschmerzen
- bei einem Beinbruch
- wenn man schlecht hört

Lösungen
Hufeisen-Quiz

1 um die Wette reiten

2 Fuchs

3 weil sie unruhig
mit dem Vorderhuf scharrt

4 Sabrina sich ausruhen kann.

5 Er weiß, wo Sabrina hingelaufen ist.

6 Kartoffelbrei.

7 Ein Pferd mit einem weißen Fell.

8 ihre Bauchschmerzen zu lindern.

9 Sie weiß,
wo die gesuchte Pflanze wächst.

10 bei Magenschmerzen

Lesen lernen mit dem Schulbuchprofi ...

... und Bibi Blocksberg mit Hexenquiz

... und Bibi & Tina mit Hufeisenquiz

Üben mit Bibi Blocksberg, der kleinen Hexe